B♭ F7
cor - dia vir-gen de Reg - la, mi - se-ri - cor-dia rei-
ra tu
F7 B♭ F7 B♭
hi - ja quien es-tán so - la y ne-ce - si - ta la ca-ri - dad. A - gua te
F7 B♭ F7 B♭
pi - do Ye-ma-ya Lo - te, a - gua te pi - do pa-ra lim - piar el ca-mi -
F7 B♭ F7
1
B♭
ni - to por don-de cru - zo, a - gua bien cla - ra mi Ye-ma - ya.

2
B♭
F7
Vocal ad lib.
Repeat ad lib.
A' pa' mí, a - gua pa' mí.
A' pa' mí, a -
- gua pa' mí. Vocal improv.
D.C. al Coda
CODA

PIANO • VOCAL • GUITAR

BEST OF CELIA CRUZ

Photo courtesy of HarperCollins Publishers/Rayo

ISBN 0-634-07785-6

7777 W. BLUEMOUND RD. P.O. BOX 13819 MILWAUKEE, WI 53213

Visit Hal Leonard Online at
www.halleonard.com

AGUA PA' MÍ

Words and Music by
ESTÁNISLAO SERVÍA

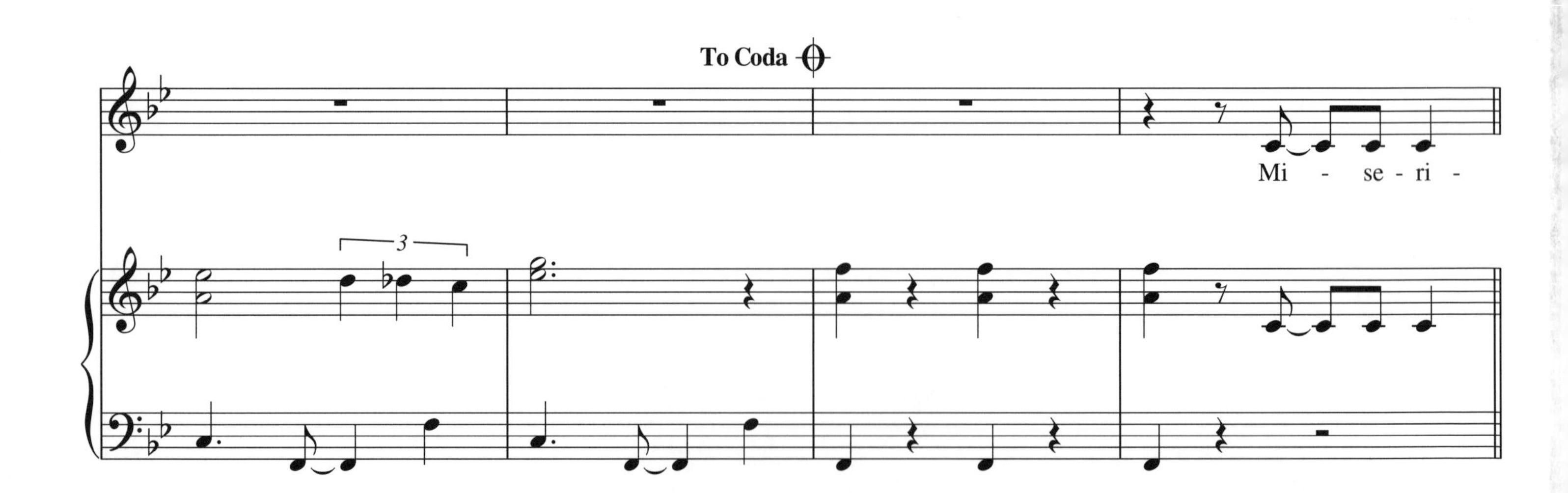

CÚCALA

Words and Music by
WILFREDO FIGUEROA

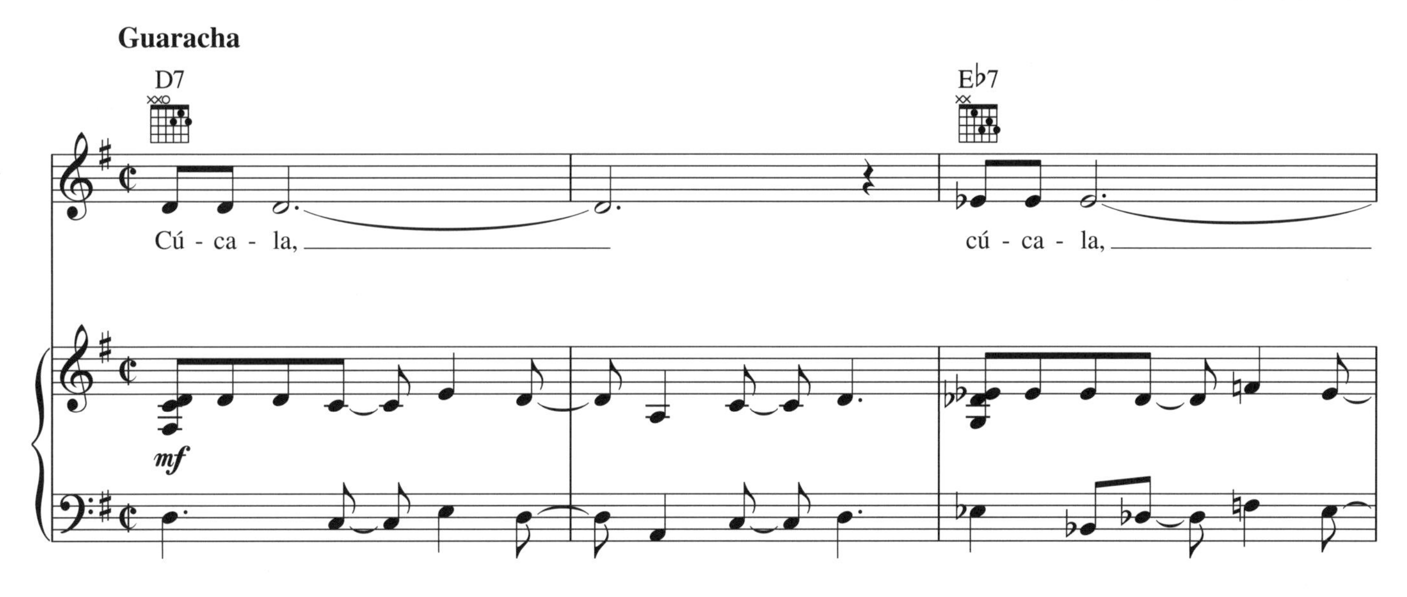

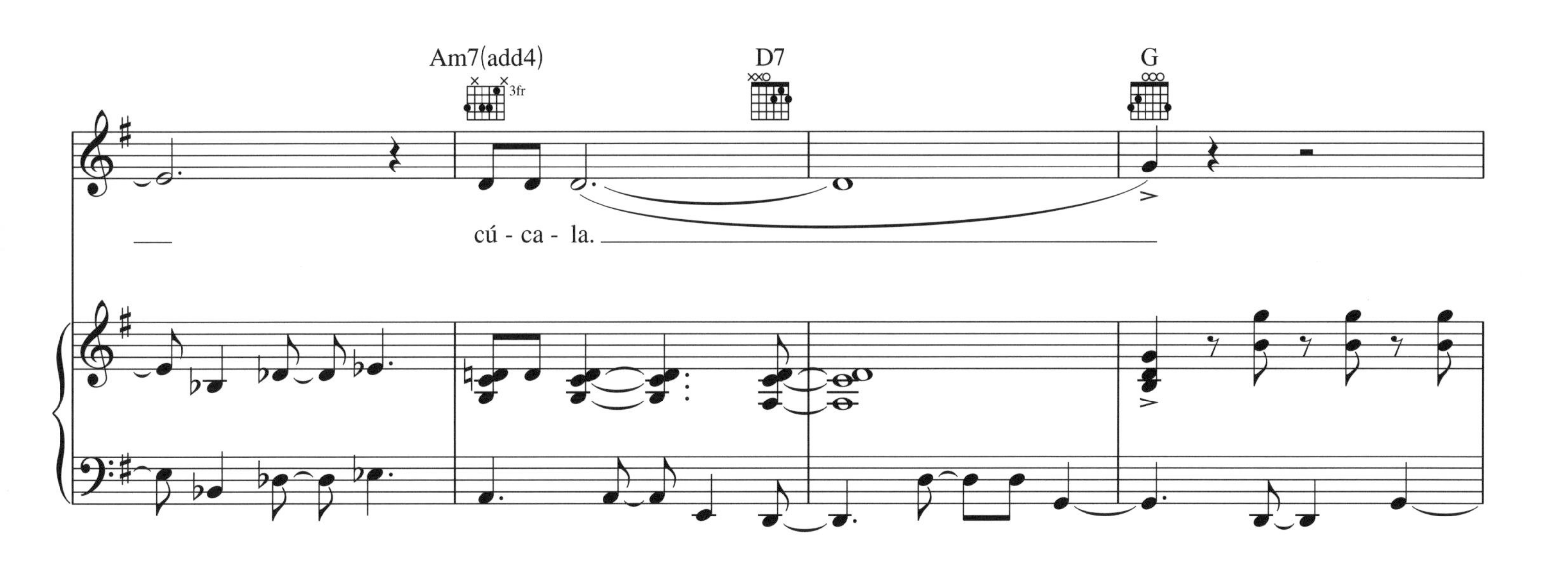

G
C7
D7
cú - ca - la, cu - ca, cú - ca - la, que e - lla sa - le, cú - ca - la cú -
G
C7
- ca - la, cu - ca, cú - ca - la que se ha - ce. Cú - ca - la, cú -
G
D7
- ca - la, cu - ca, cú - ca - la que e - lla sa - le, cú - ca - la, cú -
G
N.C.
- ca - la, cú - ca, cú - ca - la que e - lla sa - le. Es - tá mo - der -

D7
G
Em
- na,
e - se mo - nu - men - to
sa - be de to -
D7
1
G
- do
no pier das tiem - po.
2
G
Cú - ca - la,
- po.
D7
G
N.C.
Cú - ca - la, cú - ca - la, cú - ca - la,

D7
G
que e - lla sa - be bai - lar. Cú - ca - la, cú - ca - la, cú - ca - la,
Vocal improv.
Cú - ca - la, cú - ca - la, cú - ca - la,
To Coda
Sa - le, sa - le sa - le.

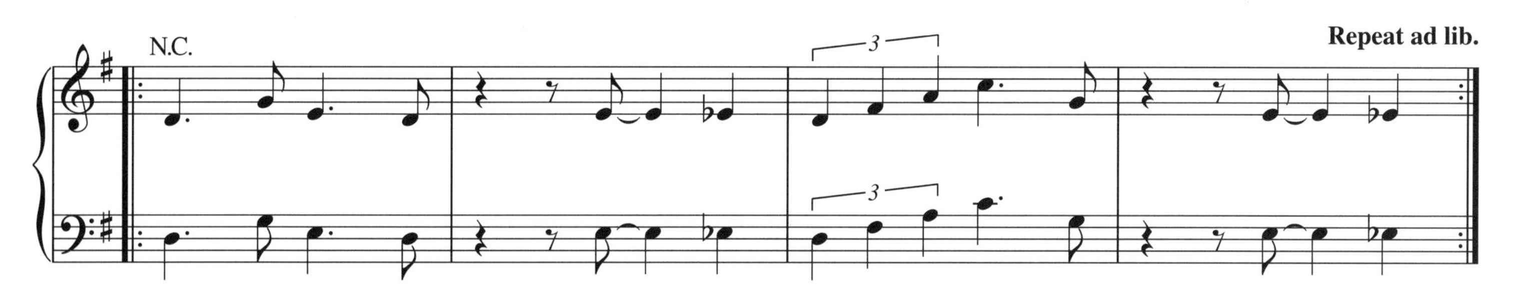
N.C.
Repeat ad lib.

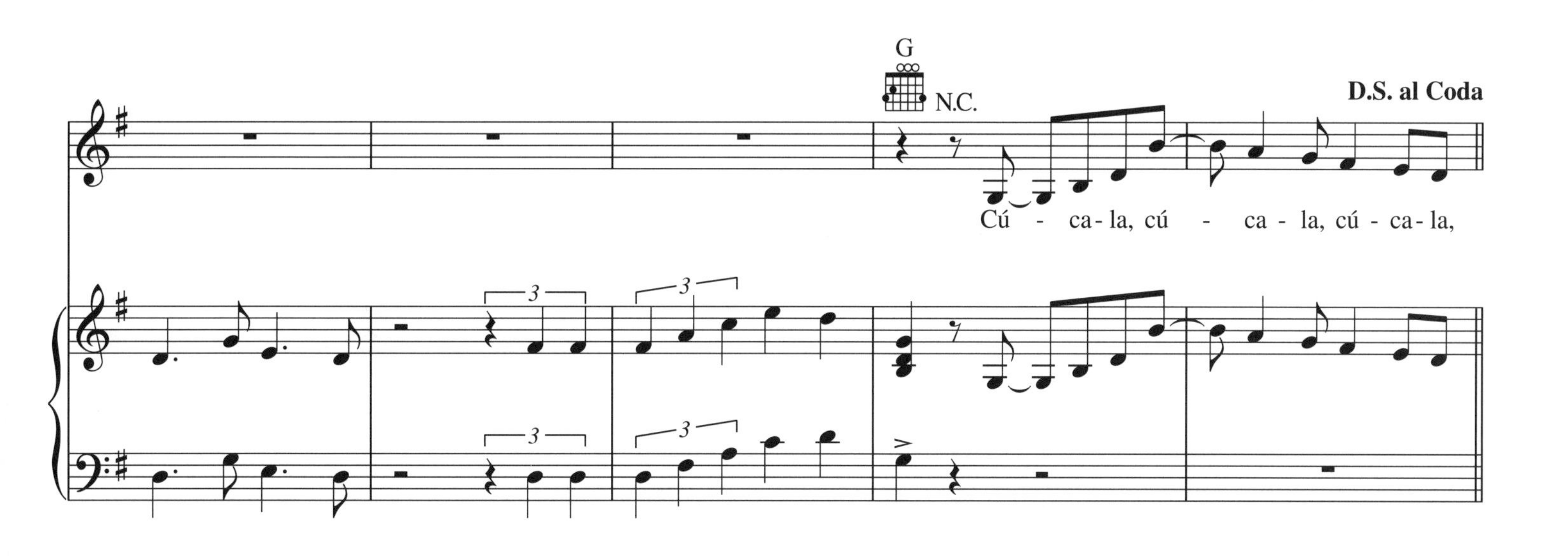
G
N.C.
D.S. al Coda
Cú - ca-la, cú - ca - la, cú - ca - la,

CODA
D7
G
Repeat ad lib.

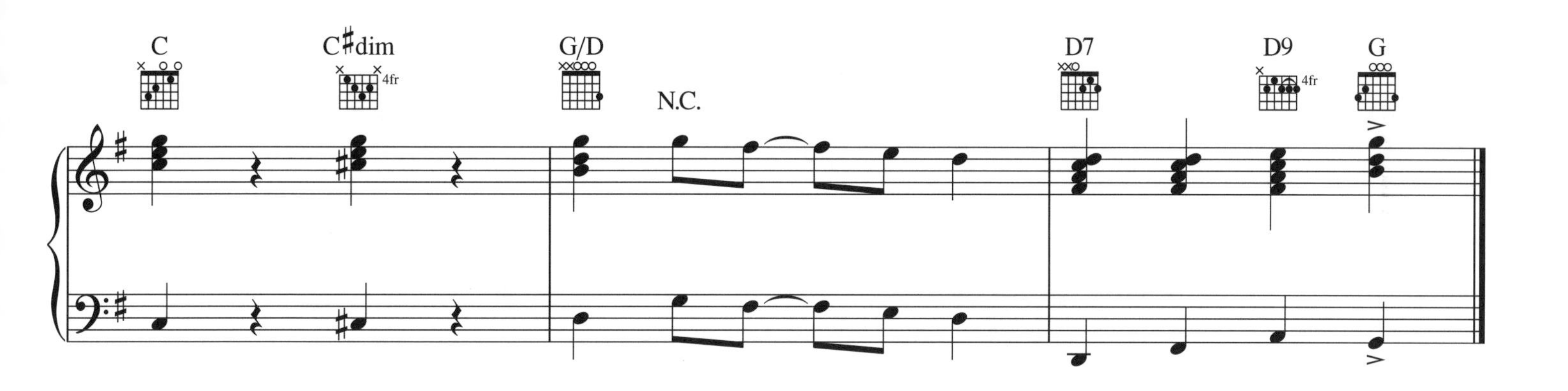
C
C♯dim
G/D
N.C.
D7
D9
G

ANGELITOS NEGROS

Words and Music by ANDRES BLANCO
and MANUEL ALVAREZ MACISTE

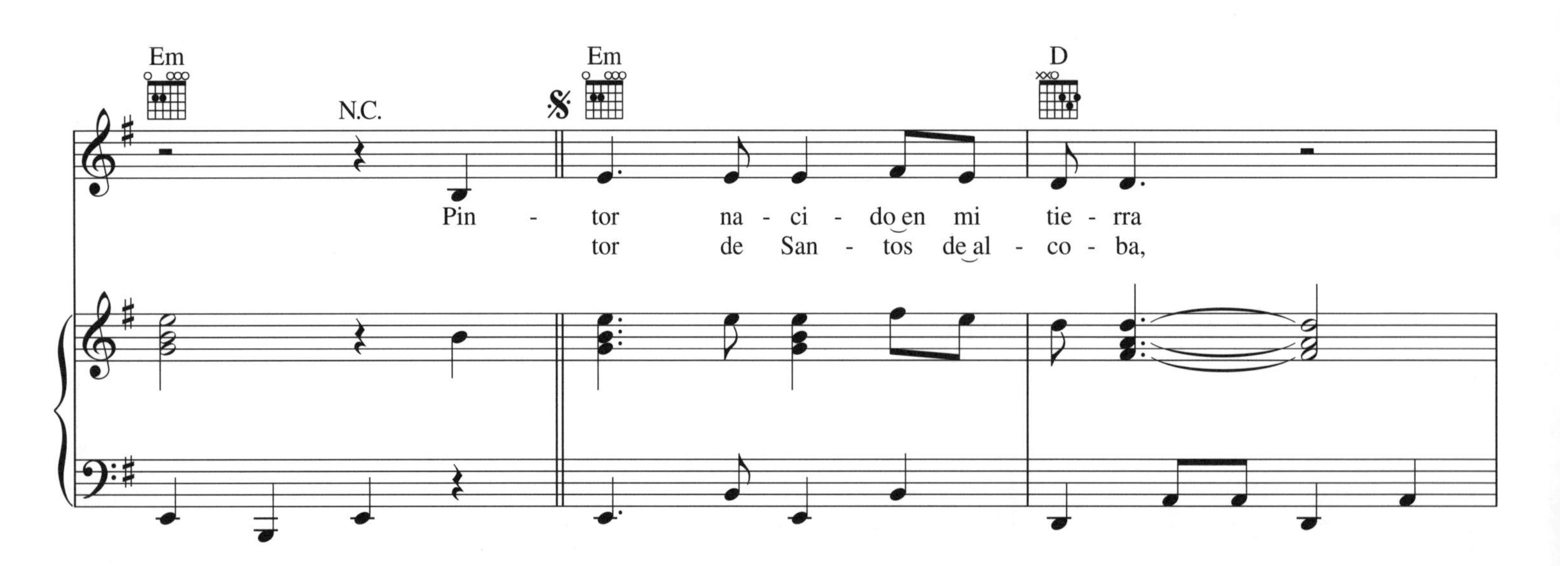

C7
B7
C7
con el pin - cel ex - tran - je - ro, pin - tor que si - gues el
si tie - nes al - ma en el cuer - po. ¿Por qué al pin - tar en tus
B7
C7
B7
rum - bo de tan - tos pin - to - res vie - jos.
cua - dros te ol - vi - das - te de los ne - gros?
Em
D
Aun - que la Vir - gen sea blan - ca,
Siem - pre que pin - tas i - gle - sias,
C
B7
C
To Coda
pin - ta me an - ge - li - tos ne - gros, que tam - bien se van al
pin - ta me an - ge - li - tos be - llos, pe - ro nun - ca te a - cor -

B7
C7
B7
cie - lo
to - dos los ne - gri - tos bue - nos.
F♯m7♭5
4fr
C7
¡Pin - tor,
si pin - tos
B7
Em
con a - mor!
¿Por qué,
N.C.
D
N.C.
des pre - ci - as su co - lor,
si sa - bes que en el

C
N.C.
B7
cie - lo, tam - bién los quie - re Dios?
D.S. al Coda
Pin -
CODA
B7
C7
das - te
B7
N.C.
E
de pin - tar un an - gel ne - gro.
F♯9
3fr
B7
E6
8va

BEMBA COLORÁ

Words and Music by
JOSE CLARO FUMERO

B♭m
mi tú no e - res na'. Tú
Fm
C7
Fm
C7♭9
Fm
N.C.
tie - nes la bem - ba co - lo - rá. Can - ta tú
E♭7
A♭
4fr
rum - ba can - ta tú son, tú gua - ra -
Gdim
C7
D♭7
C7
4fr
N.C.
chi - ta y tú dan - zón ¡ay! Pa'

Fm
B♭m6
6fr
mi
tu no e - res
na'.
Tú
Fm
C7
To Coda
Fm
tie - nes la bem - ba
co - lo - rá.
N.C.
D.C. al Coda
CODA
Fm
N.C.
Pa'

Fm
B♭m
mi
tú no e - res
na'.
Tú
A♭7
4fr
D♭7♯11
8fr
C7sus/G
3fr
C7
Fm
tie - nes la bem - ba co - lo - rá.
Vocal improv.
F7
B♭m
A♭7
4fr
D♭7♯11
8fr
C7sus/G
3fr
C7
Fm
1-3
Pa'

4
Fm
B♭m
Pa' mi tú no e - res na'. Tú
A♭7
D♭7♯11
C7sus/G
C7
Fm
C7
N.C.
tie - nes la bem - ba co - lo - rá.
Fm
C7
Fm
C7
Play 4 times

(𝅗𝅥=♩)
N.C.
Fm
D♭
C7
Bem - ba co - lo - rá,
bem - ba co - lo -
rá,
bem - ba co - lo - rá,
bem - ba co - lo -
rá,
bem - ba co - lo - rá.
(Vocal 1st time only)
Repeat and Fade
Optional Ending

BURUNDANGA

Words and Music by
OSCAR MUNOZ BOUFFARTIQUE

1
2
E♭ B♭ F7 B♭
bé le pe-go a fu-chi-lan-ga le hecho a bu-run-dan-ga les hin-chan los pies. Mo-ni-na.
B♭ B♭7 E♭
3fr
pies. A-bam-be-le prac-ti-ca el a-
B♭ G7 Cm F7 B♭ Gm E♭m/G♭
mor de-fien-de a tus her-ma-nos por qué en-tre her-ma-nos se vi-ve me-
B♭ B♭7 B♭ B♭
N.C.
jor. A-bam-be-jor. Y nos si-gue con Son-go le dio a bo-ron-

B♭7
E♭
3fr
N.C.
don - go bo - ron - don - go le dio a ber - na - bé ber - na - bé le pe - go a fu - chi -
B♭
N.C.
F7
N.C.
1
B♭
2
B♭
N.C.
lan - ga le he cho a bu - run - dan - ga les hin - chan los pies. Mo - ni - na. pies.
F7
B♭
F7
B♭
Por qué fue que
F7
B♭
F7
1-3
B♭
son - go le dio a bo - ron - don - go (por qué bo - ron - don - go le dio a ber - na - bé) Por qué bo - ron -
don - go le dio a ber - na - bé (Por qué ber - na - bé le pe - go a fu - chi - lan - ga) Por qué ber - na -
bé le pe - go a fu - chi - lan - ga (Por qué fu - chi - lan - ga le he cho a bu - run - dan - ga) Por qué fu - chi -
lan - ga le he cho a bu - run - dan - ga (Por qué bu - run - dan - ga le hin - cha los

4
B♭
To Coda
F7
pies.
D.S. al Coda
(take repeats)
Por qué fue que
CODA
B♭7
E♭
A bam - be - le
prac - ti - ca el a - mor
G7
Cm
de - fien - de a tus her - ma - nos por qué en - tre her -
Gm
E♭m/G♭
ma-nos se vi - ve me - jor.
A-bam - be - jor.
N.C.
B♭6
Bu-run - dan - ga.

CAO, CAO MANI PICAO

Words and Music by
JOSE CARBO MENENDEZ

E♭
3fr
F
Cao, cao, cao, ma - ni pi - cao, cao, cao. Lo Quie-re la
F7
gen - te lo bai - la la gen - te ay le gus - ta a la
por - ta yo vi - vo me vi - da a ti que im -
gen - te yo si la gus - ta la gen - te.
por - ta tu vi - vas tu vi - da.
N.C.
F7
G♯dim7
F7
N.C.
F7
F9
Ki ki ri ki pi - sao

F7
F9
F7
ki ki ri ki pi - sao
ki ki ri ki pi - sao.
A - rri - ba la
To Coda
1
N.C.
B♭6
N.C.
E♭
3fr
C♯dim7
B♭6
N.C.
ta - bla, ma - ni pi - cao,
cao, cao,
cao. A - mi que me im -
2
B♭6
N.C.
F7
cao. Da me u - na can - de - li - ta
a - lli fu - me can - de - li - ta.
N.C.
F7
G♯dim7
F7
N.C.
D.S. al Coda

CODA
B♭6
N.C.
F
E♭
3fr
cao.
Cao, cao, cao, ma - ni pi - cao, cao, cao.
Vocal improv.
Cao, cao, cao, ma - ni pi - cao, cao, cao.
N.C.

F
E♭
3fr
N.C.
F7
G♯dim7
Cao, cao, cao,
ma - ni pi - cao, cao, cao.
Vocal improv.
Cao, cao, cao,

Eb
F
Eb
F
N.C.
F
Eb
F
ma - ni pi - cao, cao, cao.
Eb
F
Eb
F
Eb
F
F#
E
F#
E
F#
E
F#
E
F#
F
Eb
F
N.C.
F7
G#dim7
F7
N.C.
Bb6

LA VIDA ES UN CARNAVAL

Words and Music by
VICTOR DANIEL

G7
Cm
su - ra hay que vi - vir - la. To - do a - quel que pien - sé que es tá so - lo y
A♭
que es - tá mal tie - ne que sa - ber que no es a - sí que en la vi - da no hay na - die
G7
Cm
so - lo y siem - pre hay al - guien. Ay, no hay que llo -
A♭
rar, que la vi - da es un car - na - val y es más be - llo vi -
3fr
4fr

G7
Cm
3fr
vir can - tan - do, oh, ay, no hay que llo -
A♭
4fr
rar, que la vi-da es un car - na - val y las pe-nas se
G7
1
2
To Coda
Cm
3fr
van can - tan - do, oh, oh.
A♭
4fr

Cm6
3fr
N.C.

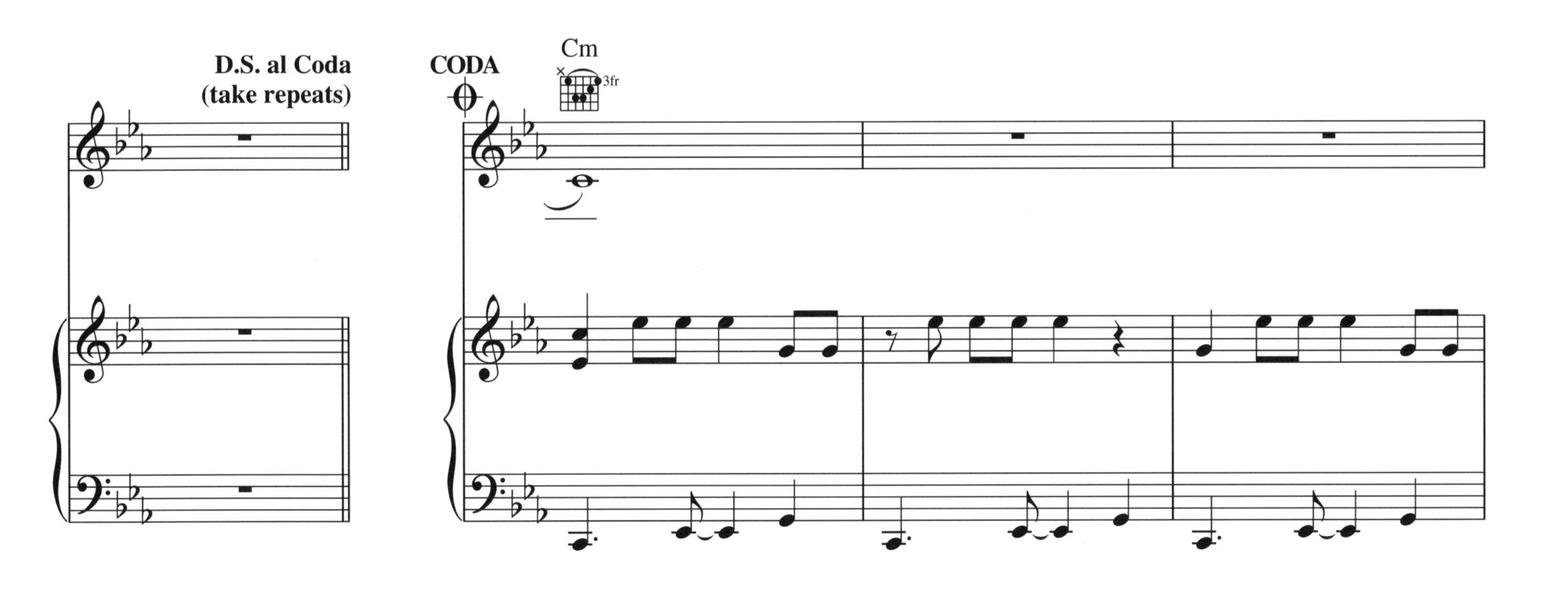
D.S. al Coda
(take repeats)
CODA
Cm
3fr

A♭
4fr

Gm7♭13

Cm
3fr
G7
Car - na - val
no hay que llo - rar
Cm
3fr
G7
car - na - val
be - llo vi - vir can - tan - do.
Cm
3fr
Repeat ad lib.
G7
Cm
3fr
G7

1
Cm
2
Cm
Pa - ra a - que - llos que se que - jan tan -
que - llos que ha - cen la
G7
Cm
to pa - ra a - que - llos que so - lo cri - ti - can pa - ra a -
gue - rra pa - ra a - que - llos que vi - ven pe - can - do pa - ra a -
G7
que - llos que u - san las ar - mas pa - ra a - que - llos que nos con - ta - mi -
que - llos que nos mal - tra - tan pa - ra a - que - llos que nos con - ta -
1
Cm
2
Cm
- nen. Pa - ra a - - gian.

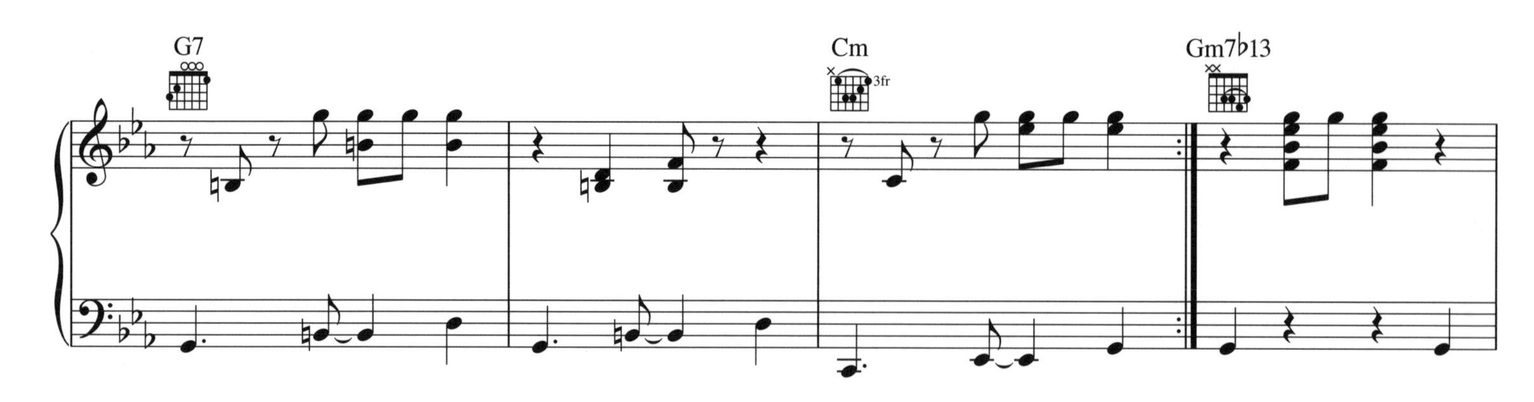
G7
Cm
3fr
Gm7♭13

Cm
3fr

A♭
4fr

N.C.
Cm
3fr

LO TUYO ES MENTAL

Words and Music by
ANAM MUNAR

Moderately

Dm7 G7 C

mf

Fmaj7 Bm7♭5 E7

Am6 Am

N.C. Dm7 G7

Que pe - na me da tu ca - so lo tu - yo es men -

C
Fmaj7
Bm7♭5
tal. Que pe - na me da tu ca - so,
E7
Am
Am(maj7)
Am7
lo tu - yo es men - tal.
De - ci - as que
Te las das de
Si quie - res que
Dm7
G7
C
yo e - ra tu - ya y de na - die mas,
mi - llo - na - rio do - quie - ra que es - tas,
yo te ay - u - de des - pier - ta - te ya
F
Bm7♭5
E7
fui so - lo en tu pen - sa mi - en - to, tris - te za me das.
cuan - do hay que pa - gar las cuen - tas' no lo ha - ces ja - mas.
ol - vi - da tus "Via - jes" ra - ros que e - so no e - sta en na'.

Am
Dm7
Pu - bli - ca - bas en la pren - sa
Tu ya - te y tus pa - la - ce - tes
Ve - te a ver al pep - si - qui - a - tra
G7
C
F
con - quis - tas de a - mor,
pe - ro a na - die
tus ca - rros, que tal?
No sa - bes con
a ver que te da
de ve - ras lo
Bm7♭5
E7
Am
ya con - ven - ces, no ti - e - nes sa - bor.
quien te me - tes, lo tu - yo es men - tal.
tu - yo es gra - ve, cra - ve de ver - dad.
1, 2
3
Dm7
Que pe - na me
Que pe - na me
Que pe - na me da tu ca - so

G7
C
Fmaj7
lo tu - yo es men - tal.
Que pe - na me
Bm7♭5
E7
Am
da tu ca - so,
lo tu - yo es men - tal.
F7
B♭m
N.C.
De - ci - as que
E♭m7
6fr
A♭7
4fr
D♭
yo e - ra tu - ya y de na - die mas,

G♭
Cm7♭5
F7
fui so - lo en tu pen - sa mi - en - to, tris - te za me das.
B♭m
E♭m7
6fr
Pu - bli - ca - bas en la pren - sa
A♭7
4fr
D♭
G♭
con - quis - tas de a - mor, pe - ro a na - die
Cm7♭5
F7
B♭m
ya con - ven - ces, no ti - e - nes sa - bor.

E♭m7
6fr
A♭7
4fr
Que pe - na me da tu ca - so lo tu - yo es men -
D♭
G♭
Cm7♭5
tal. Que pe - na me da tu ca - so,
F7
B♭m
lo tu - yo es men - tal.
F♯7
Bm
N.C.
Em7
Si quie - res que yo te ay - u - de

A7
D
G
des - pier - ta - te ya
ol - vi - da tus
C♯m7♭5
4fr
F♯7
Bm
"Via - jes" ra - ros que e - so no e - sta en na'.
Em7
A7
Ve - te a ver al pep - si - qui - a - tra a ver que te da
D
G
C♯m7♭5
4fr
de ve - ras lo tu - yo es gra - ve,

F#7
Bm
cra - ve de ver - dad.
Que pe - na me
Em7
A7
D
da tu ca - so lo tu - yo es men - tal.
G
C#m7b5
4fr
F#7
Que pe - na me da tu ca - so, lo tu - yo es men -
1
Bm
Bm(maj7)
7fr
Bm7
tal.
Que pe - na me

2
Bm
F#7
tal,
lo tu - yo es men -
Bm
F#7
Bm
tal,
lo tu - yo es men - tal,
F#7
Bm
lo tu - yo es men - tal.
G
F#7
Bm

PACHITO E' CHE

Words and Music by
ALEJANDRO TOBAR

e'?) Se los voy a de - cir. (¿Quien e'? ¿Quien e'?) Lo ten - go que de - cir. (¿Quien e'? ¿Quien
E♭6
N.C.
e'?) Y lo qui - e - ro de - cir. (Pa - chi - to e'
B♭7
E♭
che) Le di - cen al se - ñor (Pa - chi - to e' che) Y ha - ce gran sen - sa - ción (Pa - chi - to e'
B♭7
To Coda
E♭
N.C.
D.C. al Coda
che) Bai - la mam - bo y dan - zón (Pa - chi - to e' che) Tie - ne gran ex - pre - sión.

CODA
E♭
3fr
B♭7
sión. (Pa-chi - to e' che)
(Pa-chi - to e' che)
E♭
3fr
B♭7
(Pa - chi - to e' che)
E♭
3fr
B♭7
E♭
3fr
(Pa chi- to e'
B♭7
E♭
3fr
che) Le di-cen al se-ñor
(Pa-chi - to e' che) Y ha-ce gran sen-sa - ción
(Pa-chi - to e'

Bb7
Eb
3fr
che) Bai - la mam - bo y dan - zón (Pa - chi - to e' che) Tie - ne gran ex - pre - sión. (Pa - chi - to e'
1
che) (Pa - chi - to e' che) (Pa - chi - to e'
2
Dbmaj7
Cb
Bb
N.C.
Eb7#9(b13)
5fr
Pa - chi - to e' che bai - la mam - bo y dan - zón.

QUIMBARA

Words and Music by
JUNIOR CEPEDA

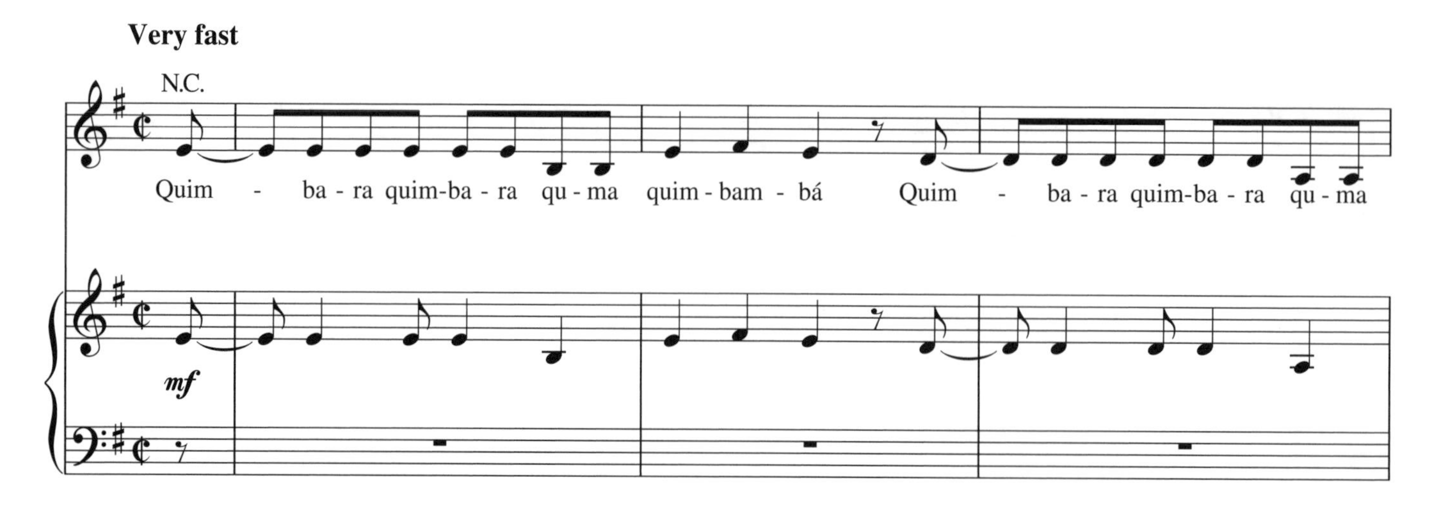

Em
Ma - má
Ee
Ma - má
C7
B7
1
2
Em
Em6
Em
D
Em
D
Em
La
rum - ba
me es - tá lla - man - do
bom-

Am7
D7
G
bo di - le que ya voy. Que
C
F♯dim
9fr
B7
me es - pe - re un mo - men - ti - co mien - tras
C7
B7
can - to un gua - guan - có. Di -
Em
le que no es un des - pre - cio, pues

Am7
D7
G
vi - ve en mi co - ra - zón.
Mi
C
F♯dim
B7
vi - da es tan so - lo e - so,
rum - ba
F♯dim
B7
Em
bue - na y gua - guan - có! Ee ya.
Ee
D
Em
Ma - má Ee Ma - má.
9fr

D
Em
D
Em
D
Em
D
Em
Quim-ba - ra quim-ba - ra qu - ma quim-bam - bá quim-
D
Em
- ba - ra quim - ba - ra qu - ma quim - bam - bá Si quie - res go - zar si

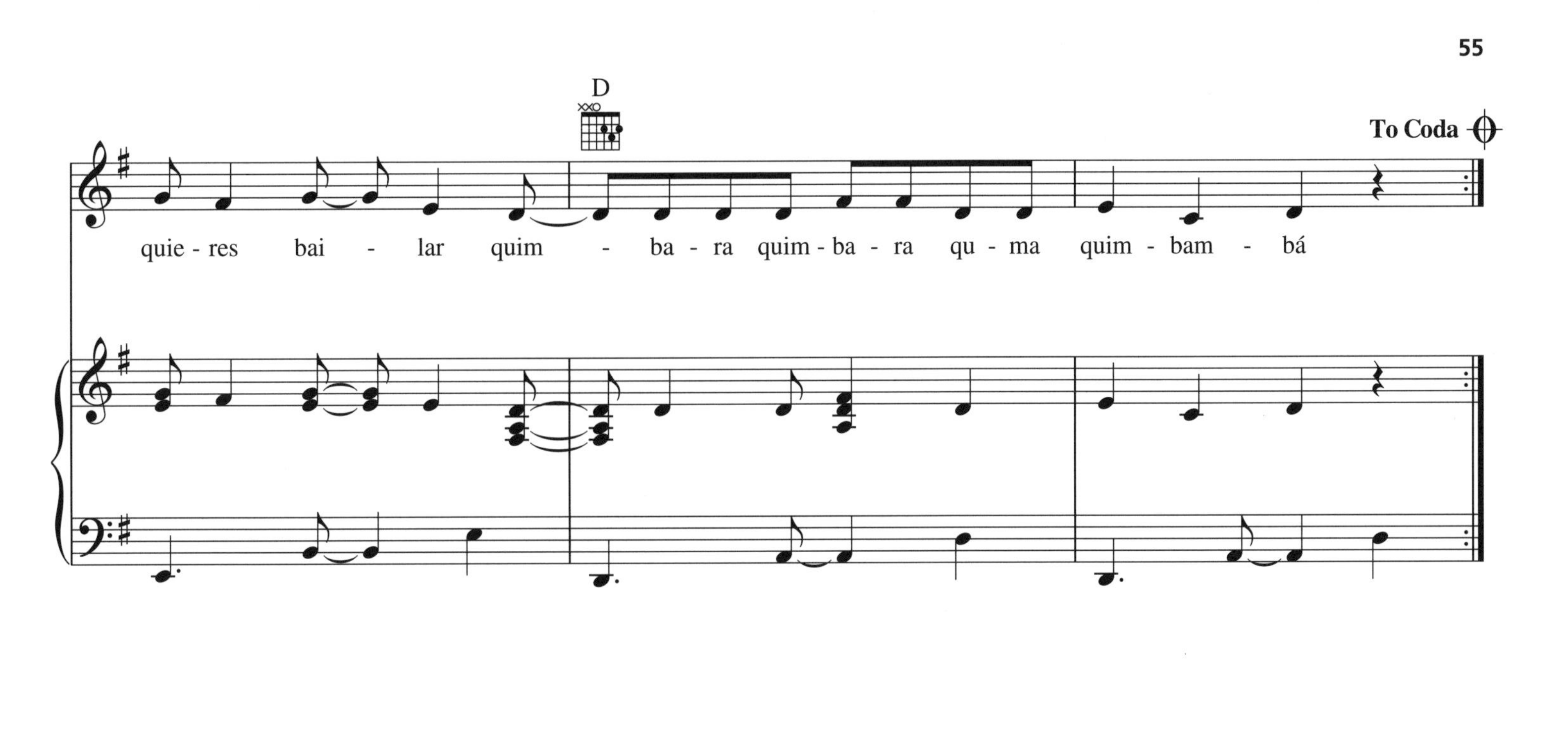
D
To Coda
quie - res bai - lar quim - ba - ra quim - ba - ra qu - ma quim - bam - bá

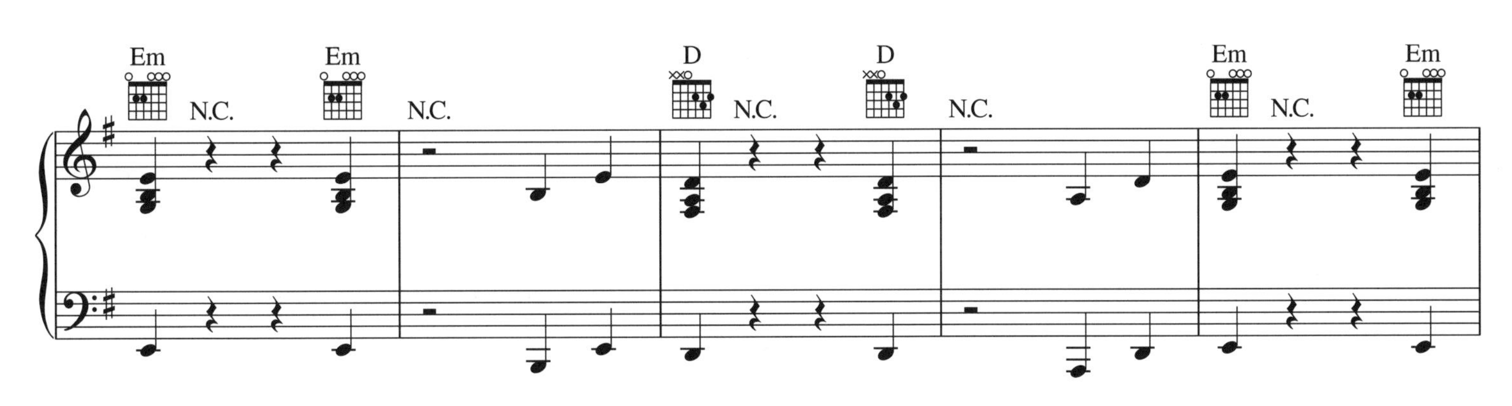
Em
N.C.
Em
N.C.
D
N.C.
D
N.C.
Em
N.C.
Em

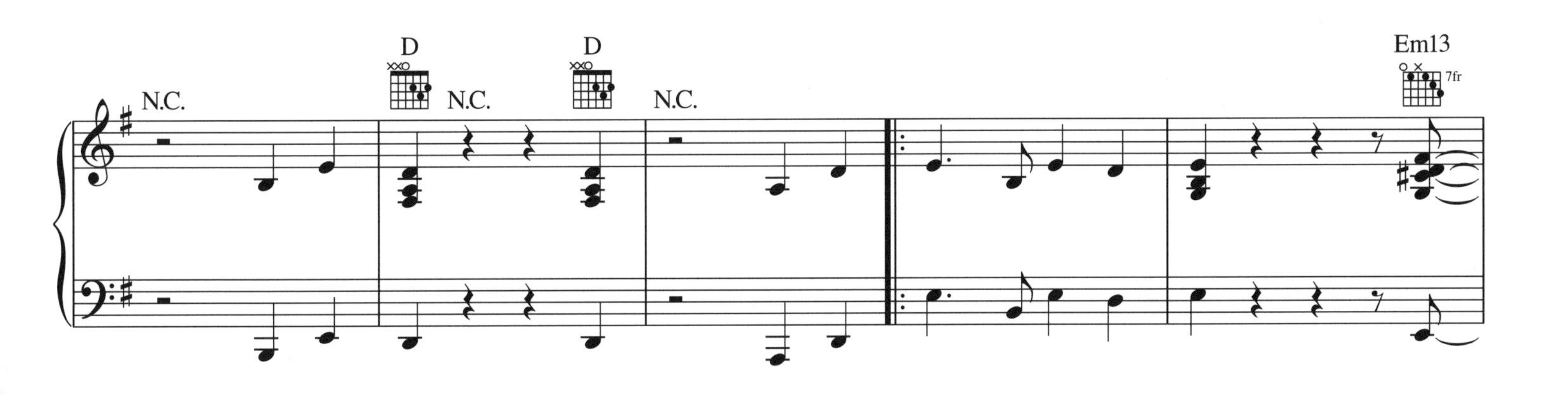
N.C.
D
N.C.
D
N.C.
Em13
7fr

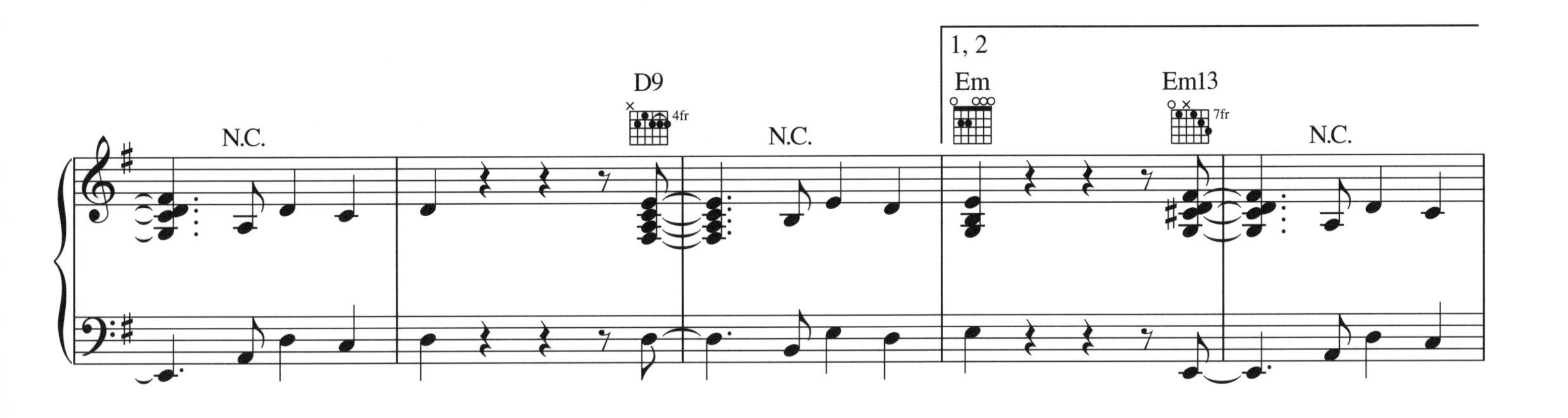
N.C.
D9
4fr
N.C.
1, 2
Em
Em13
7fr
N.C.

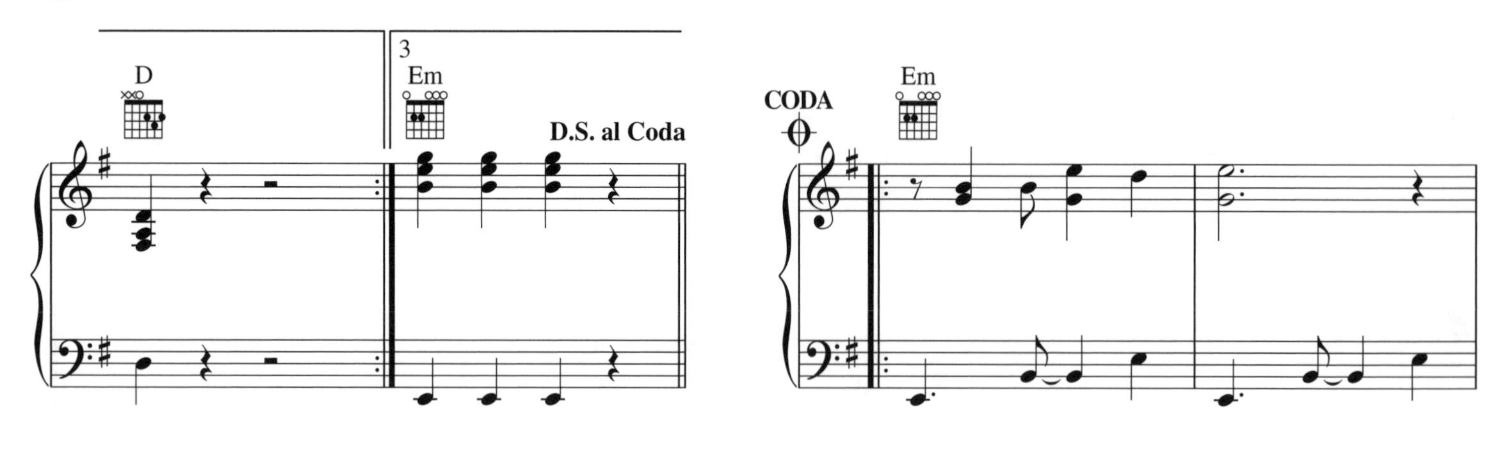
D
3
Em
D.S. al Coda
CODA
Em

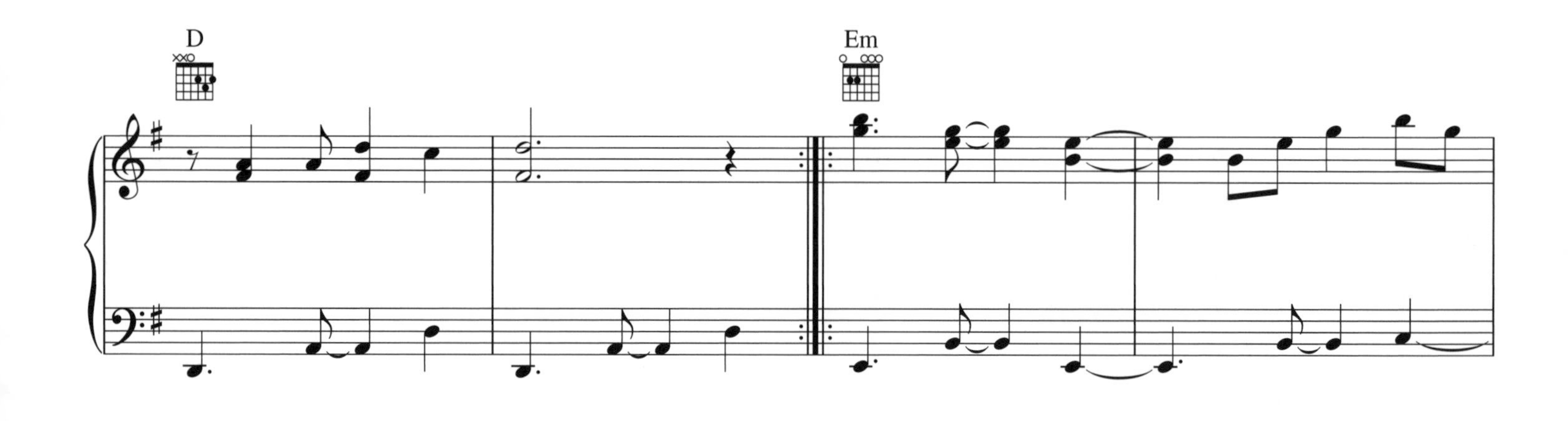
D
Em

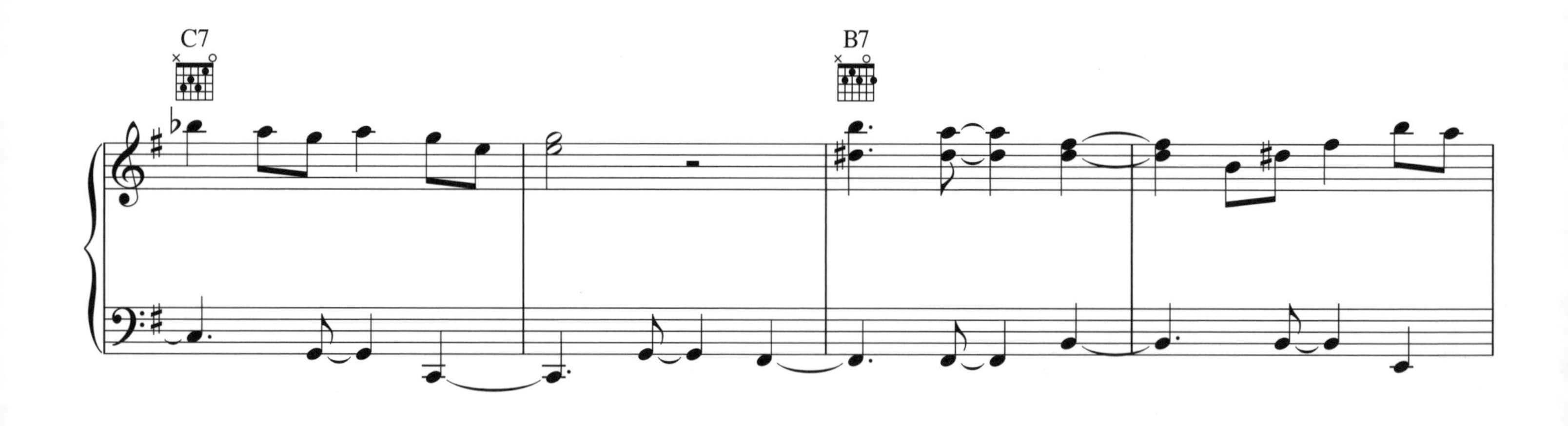
C7
B7

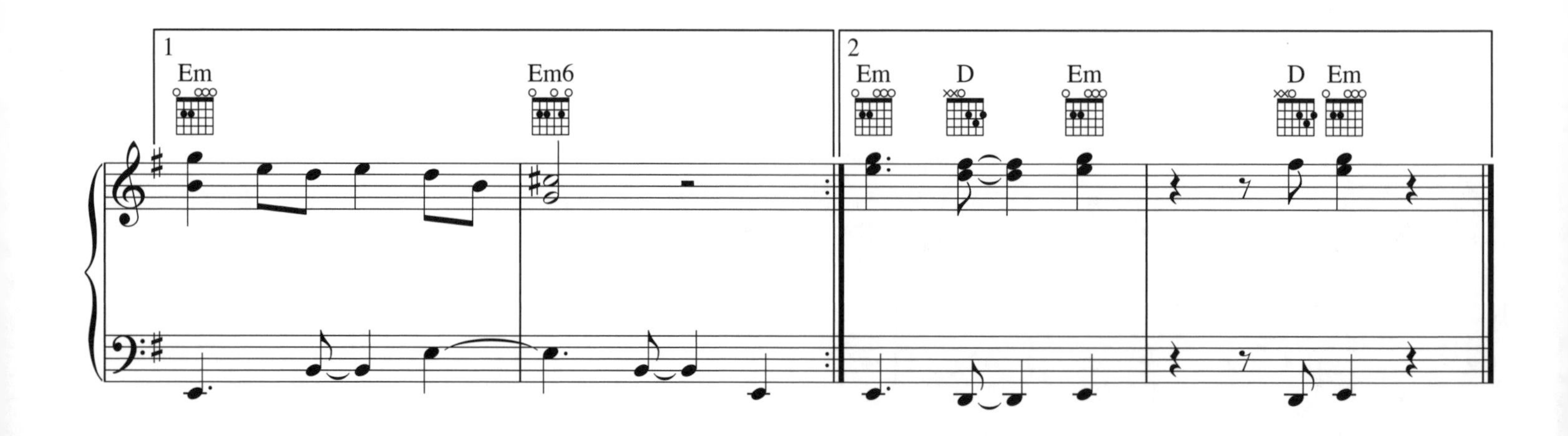
1
Em
Em6
2
Em
D
Em
D
Em

USTED ABUSO

Words and Music by JOSE CARLOS FIGUEIREDO,
ANTONIO CARLOS MARQUES PINTO
and JOSE UBALDO AVILA BRITO

Am7
D7
co pro - ve - cho de mi, a - bu - so sa -
Bm7(add4)
E7
co par - ti - do de mi, a - bu - so, de
Am7
D7
mi ca - ri - ño u - sted a - bu - so. Y me per - do -
Gm7
Cm7
3fr
- na por se - guir con - e - ste te - ma, yo no
- me de - stru - yo el de - sa - mor, su gran

F7
B♭maj7
E♭maj7
3fr
se es - cri - bir po - e - ma, ni tam - po - co un - a can - ción
es - cue - la do - lor, ya no se si lo mal - di -
Adim7
D7
Gm7
sin un te - ma de a - mor. Ca - da pa -
- ce o lo ben - di - ce el co - ra - zón. Ca - da pa -
Gm(maj7)
3fr
Gm7
Gm(maj7)
3fr
la - bra, ca - da ver - so, me re - cuer - da el mo - men -
la - bra, ca - da ver - so, me re - cuer - da el mo - men -
Cm7
3fr
F7
B♭maj7
- to, que mi a - mor se te en - tra - go, que mi a -
- to, que mi a - mor se te en - tra - go, cuan - do

E♭maj7
3fr
Adim
To Coda
D7
mor se te entre - go, y u - sted a - bu - so. U -
te en - tre - gue mi a - mor y u - sted a - bu - so.
G
Bm7
E7
sted a - bu - so, de
Am7
D7
mi ca - ri - ño u - sted, a - bu - so, sa -
Bm7(add4)
E7
co par - ti - do de mi, a - bu - so, sa -

Am7
D7
D.S. al Coda
co pro - ve - cho de mi, a - bu - so. Y fue mi mal-

CODA
D7
Bm7
E7

Am7
D7

Bm7
E7

Am7
Y fue mi mal, por - que ja - más en mi cre - yo,
D7
Bm7
y u - sted, sa - co pro - ve - cho de mi, a - bu - so.
E7
Am7
Vocal ad lib.
D7
1-3
4
Sa -

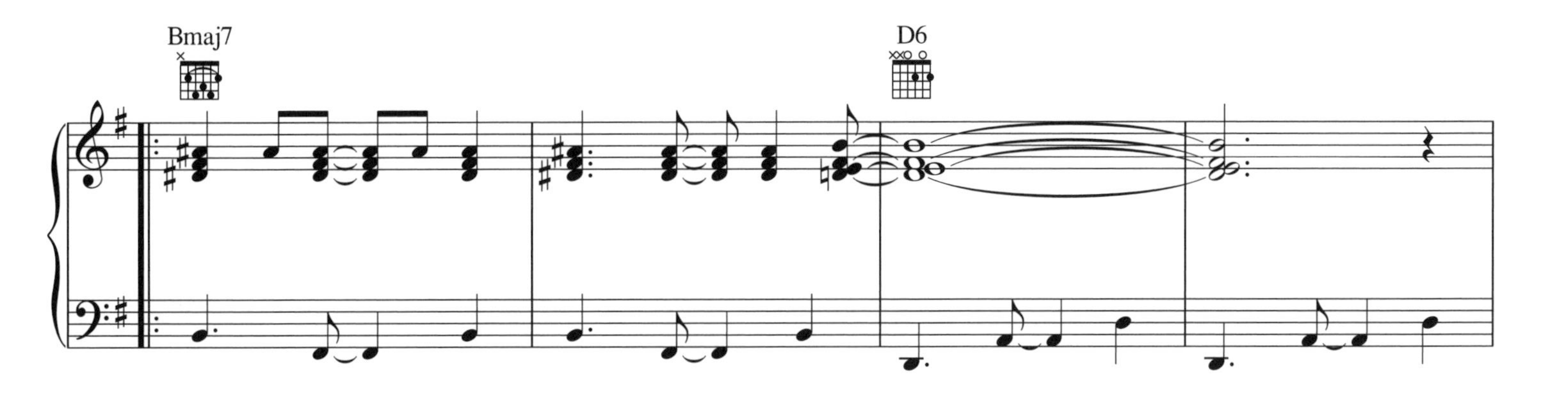
Bmaj7
D6

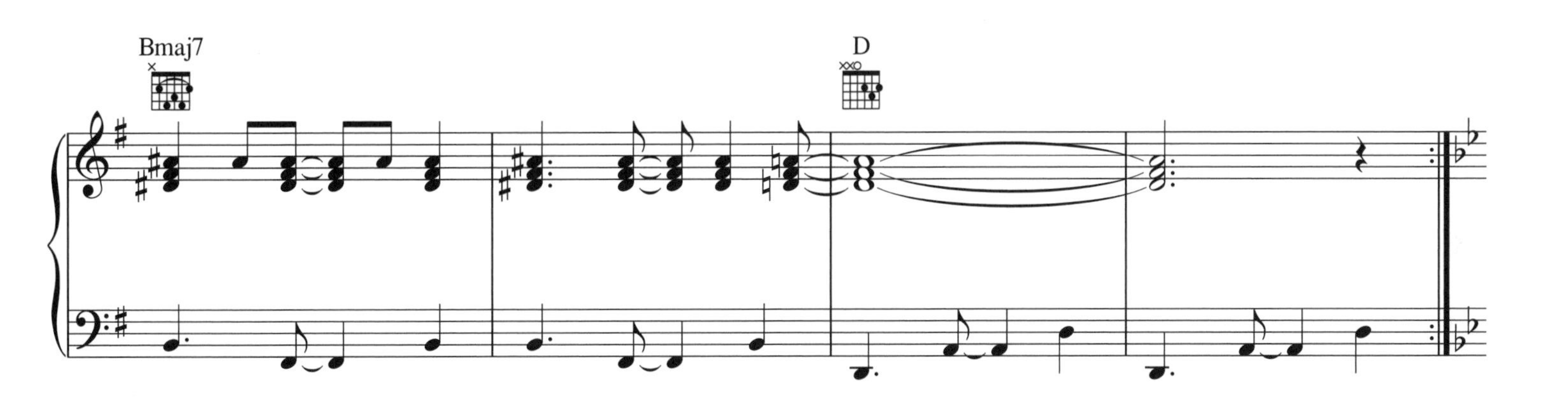
Bmaj7
D

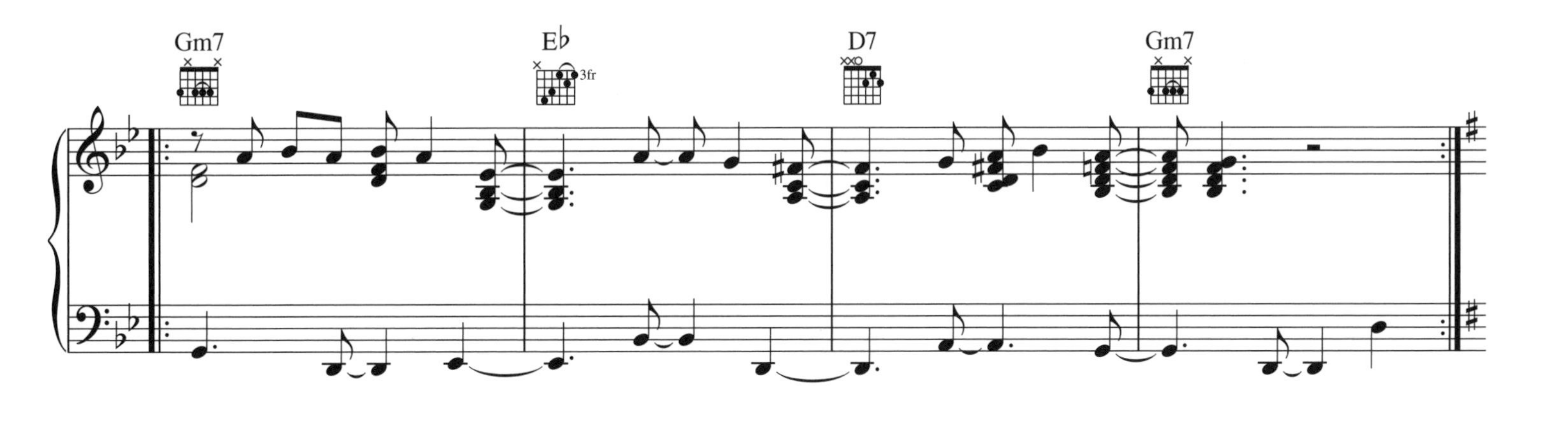
Gm7
E♭
3fr
D7
Gm7

G7
A♭7
4fr

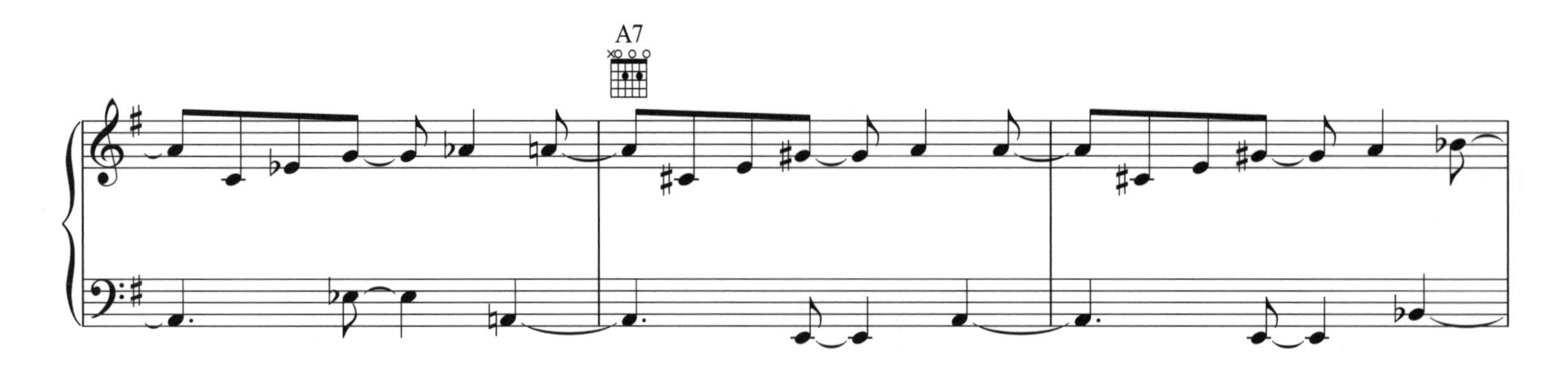
A7

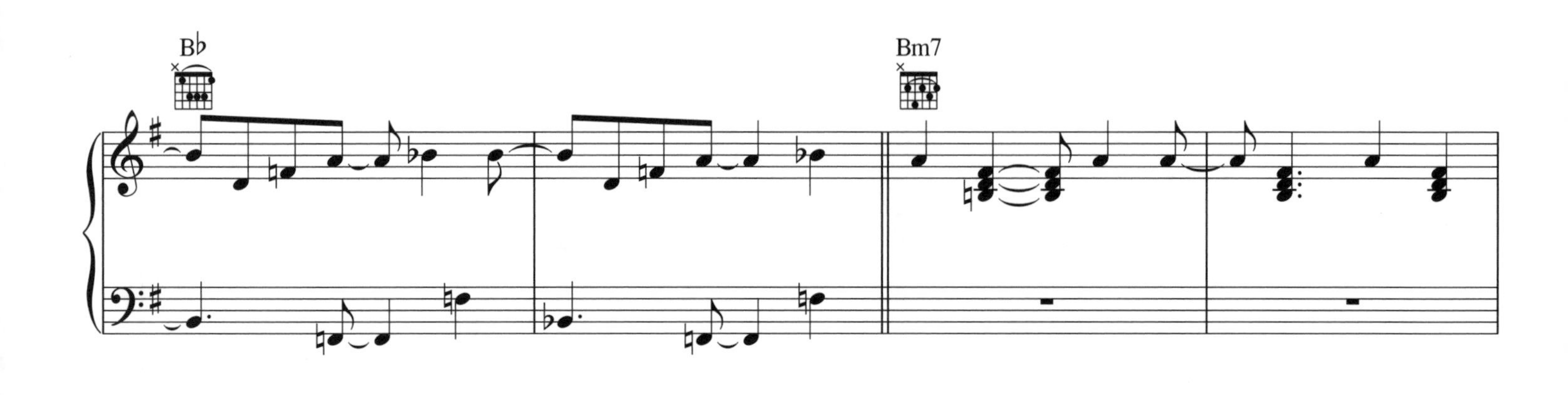
B♭
Bm7

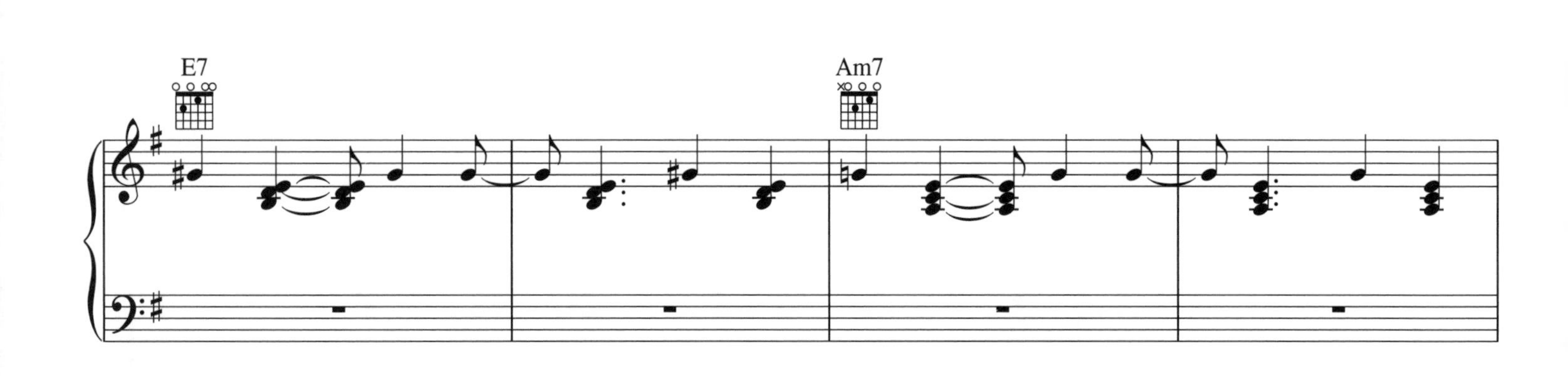
E7
Am7

D7
Bm7
Sa - co pro - ve - cho de mi, a - bu - so.

E7
Am7
Vocal ad lib.
D7
1-3
4
Am7
Sa -
Cm7
3fr
G/B
Gdim/B♭
Am7
A♭maj7
Gmaj7

LA SOPA EN BOTELLA

Words and Music by
SENEN SUAREZ

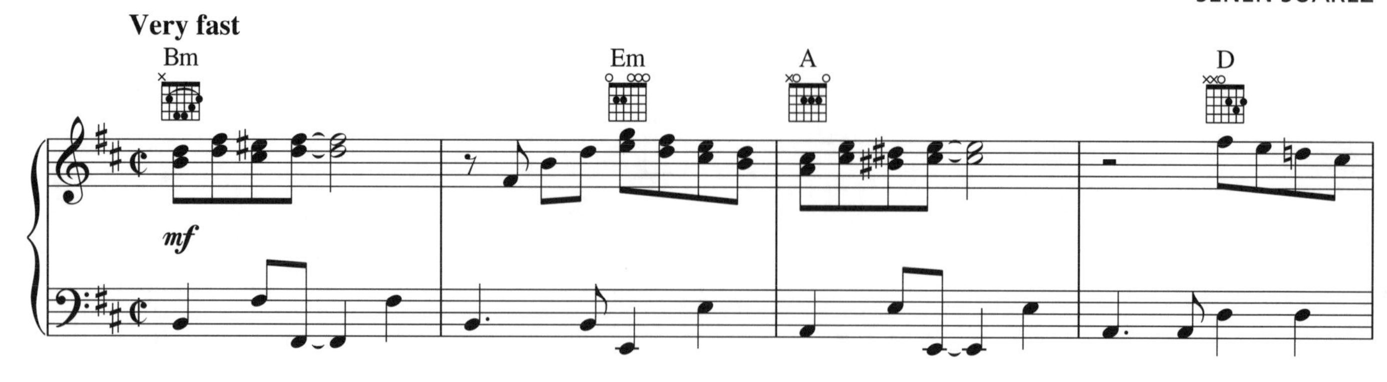

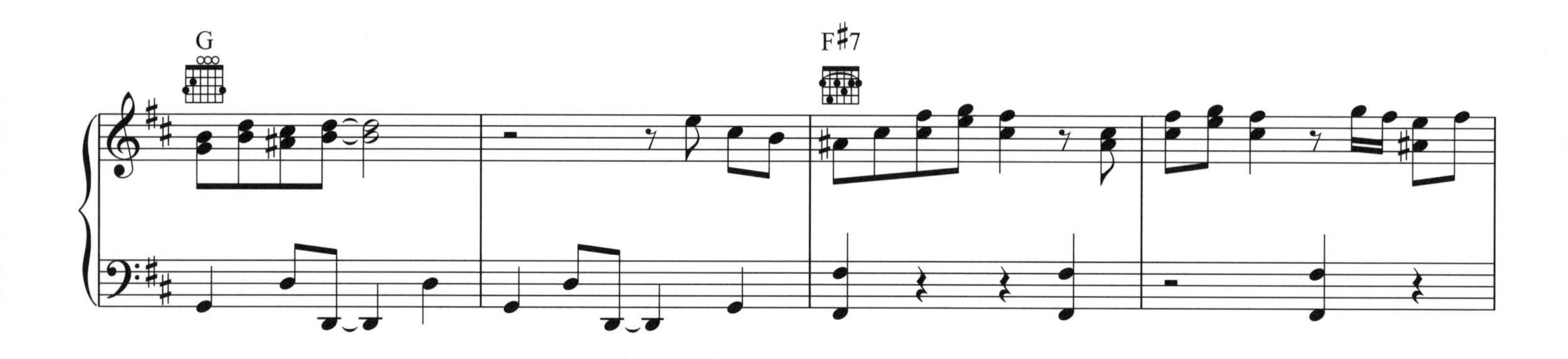

F#7
- ve e - sa so - pi - ta en bo - te - lla,
- o tie - ne el ce - re - bro tes - ta - o,
y que te com - pre e - se far - do,
tu lo que es - ta es tu - ru - ra - to,
y que te de e - sa me - sa - da,
y si quie - res un con - se - jo,
a - cu - rra - la de a bu - ti
a - cu - rra - la de a bu - ti

Bm
To Coda
si quie - res sen - tir la vi - da be - lla. A
si quie - res po - der lle - gar a vie - jo.
G
la la la la la la la la la la la la la la la la
F♯7
la la la la la la la la la la
Bm
G
F♯7
Bm
D.S. al Coda
N.C.
la la la la la

CODA
Bm
G
F#7
Bm
F#7
No es - pe - res mi - so - cio e - sa so - pi - ta en bo - te - lla.
Bm
F#7
Vocal ad lib.
Bm
F#7

Bm
F#7
Bm
Bm9
A7
G7
F#7
G
F#7
Bm
N.C.
No es -
G
F#7
Bm
pe - res mi - so - cio e - sa so - pi - ta en bo - te - lla.
Vocal ad lib.

F♯7
1, 2
Bm

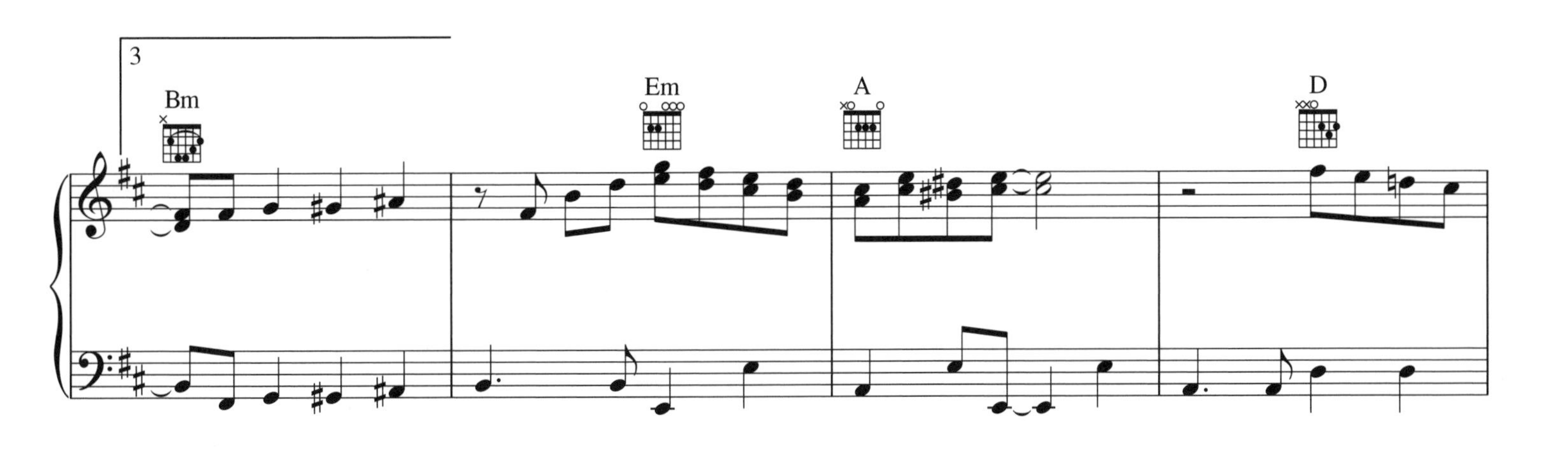
3
Bm
Em
A
D

G
F♯7

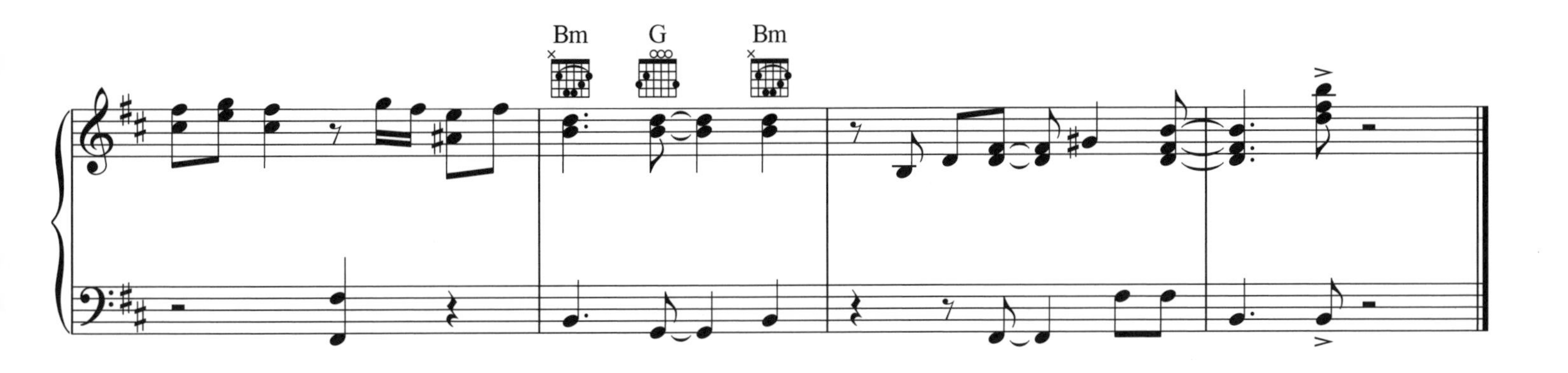
Bm
G
Bm

SOY ANTILLANA

Words and Music by
MARYLIN PUPO

Bm7♭5 E7♭9 Am Bm7♭5 E7♭9 Am
mis-no yo soy cu-ba-na, do-mi-ni-ca-na, que qo-rin-ca-na. Es que mis
si-ble de-cir qué sien to, que per-te-nez-co so-la u-na de e-llas. Por-que Bo-
Bm7♭5 E7♭9 Am E7♭9
is-las son más her-ma-nas, son u-na so-la en mi co-ra-zón.
rin-quen, Cu-ba y Quis-que-ya son u-na so-la en mi co-ra-zón.
Am E7 Am E7
No de-be ha-ber se-pa-ra-ción. No pue-de ha-ber di-fi-ni-ción.
Am E7 Am E7
No de-be ha-ber se-pa-ra-ción. No pue-de ha-ber di-fi-ni-ción.

Am6
G7
C
N.C.
Bai - la - mos con un com - pás muy nues - tro, nos e - mo -
Ba - jo la som - bra de tus pal - ma - res, can - tan sus
G7
C
Bm7♭5
E7♭9
Am
cio - na un mis - mo son. Y aunque la be - lla mar nos se - pa - ra for - ma - mos
hom bres him - nos de fé, y la es - pe - su - ra de sus mai - za - les, se es - cu - cha el
Bm7♭5
E7♭9
Am6
Bm7♭5
E7♭9
jun - tas u - na na - ción, y las an - ti - llas se re - co - no -
e - cho de los Ur - fia - les. Mien - tras de - ba - jo de un co - co - te -
Am
E7
Am
E7
- cen co - mo las fru - tas de más sa - bor.
- ro hue - le a ta - ba - co, ca - ña y ca - fé.
No de - be ha - ber se - pa - ra - ción.

Am
E7
No pue - de ha - ber di - fi - ni - ción.
No de - be ha - ber se - pa - ra - ción.
1
2
Am6
N.C.
Co - mo me
E7♭9
Am♯5
5fr
Vocal improv.
Repeat ad lib.
An - ti - lla - na.
F7
3

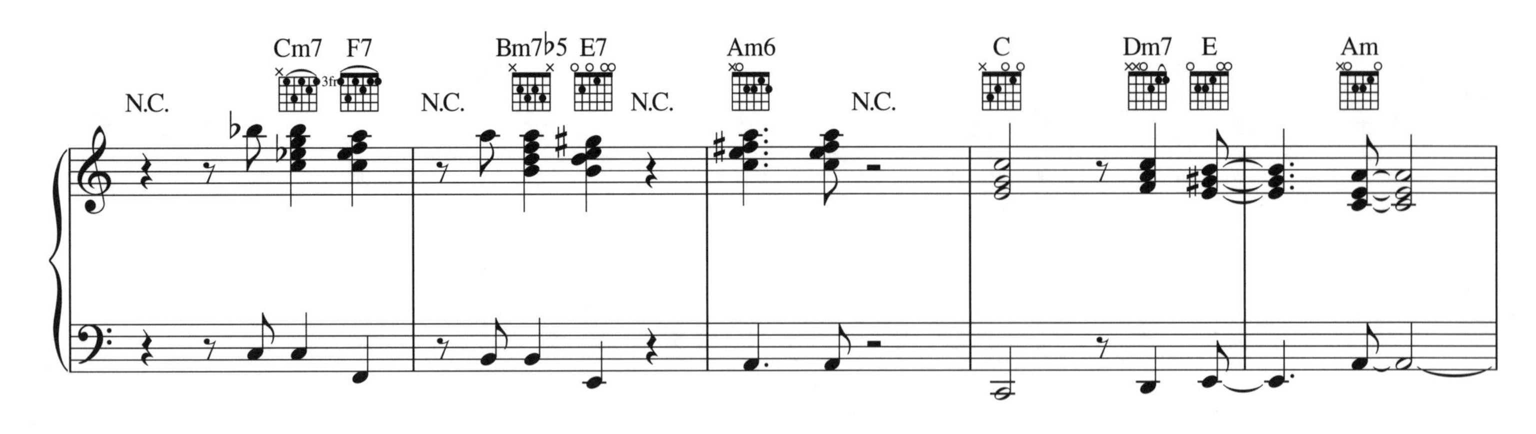
N.C.
Cm7
F7
3fr
N.C.
Bm7♭5
E7
N.C.
Am6
N.C.
C
Dm7
E
Am

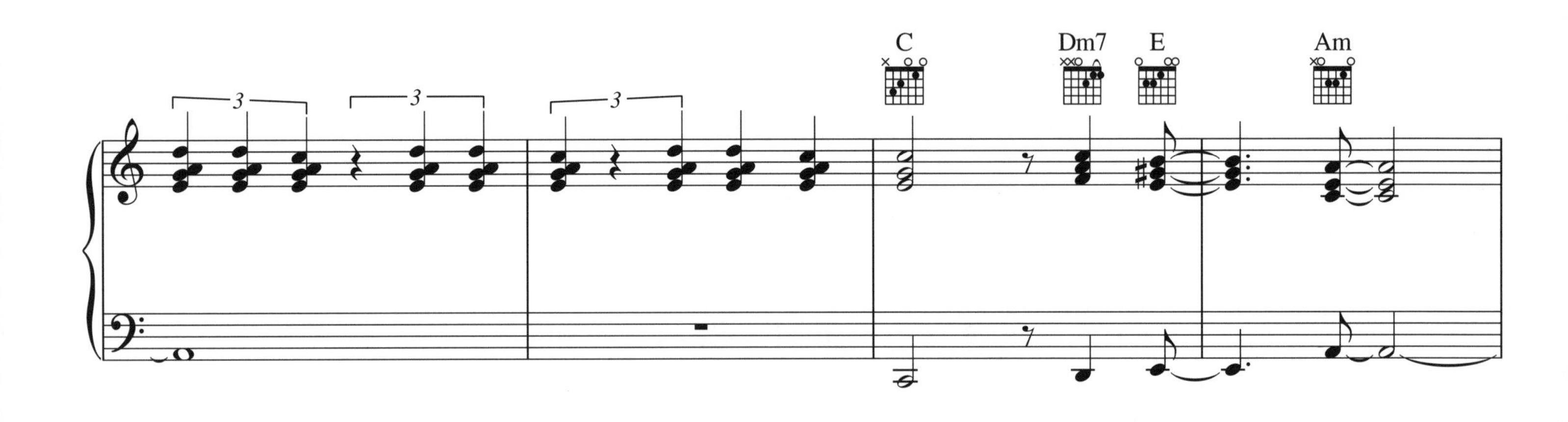
3
3
3
C
Dm7
E
Am

N.C.
E7♭9(♯11)
6fr
N.C.
E7♭9(♯11)
6fr
N.C.
E7♭9(♯11)
6fr

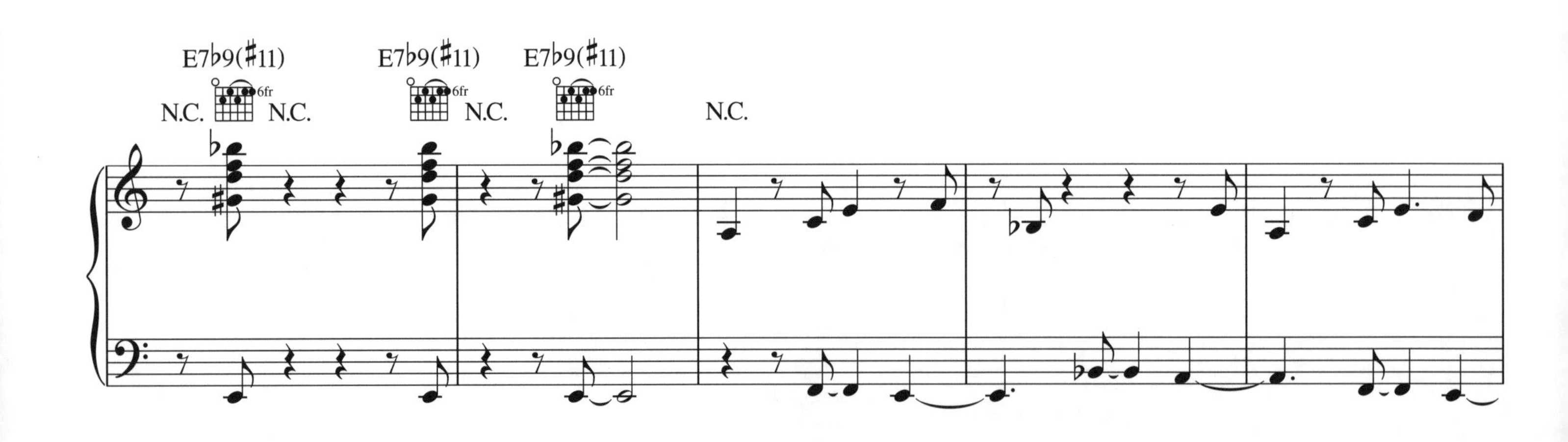
E7♭9(♯11)
6fr
N.C.
N.C.
E7♭9(♯11)
6fr
N.C.
E7♭9(♯11)
6fr
N.C.

E7#9
6fr
N.C.
Am6
E7b9
Am6
E7b9
3
3
Am6
E7b9
Repeat ad lib.
Am6
F7
E7
Vocal improv.
An - ti - lla - na.
3
3
N.C.
Cm7
3fr
F7
N.C.
Bm7b5
E7
D13
4fr

TU VOZ

Words and Music by
RAMON CABRERA ARGOTE

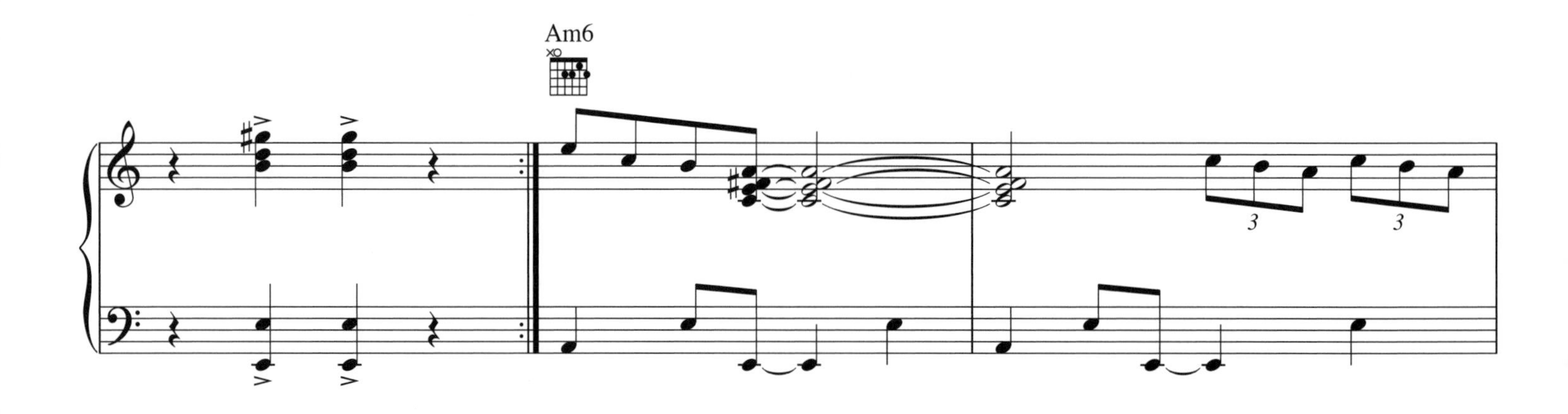

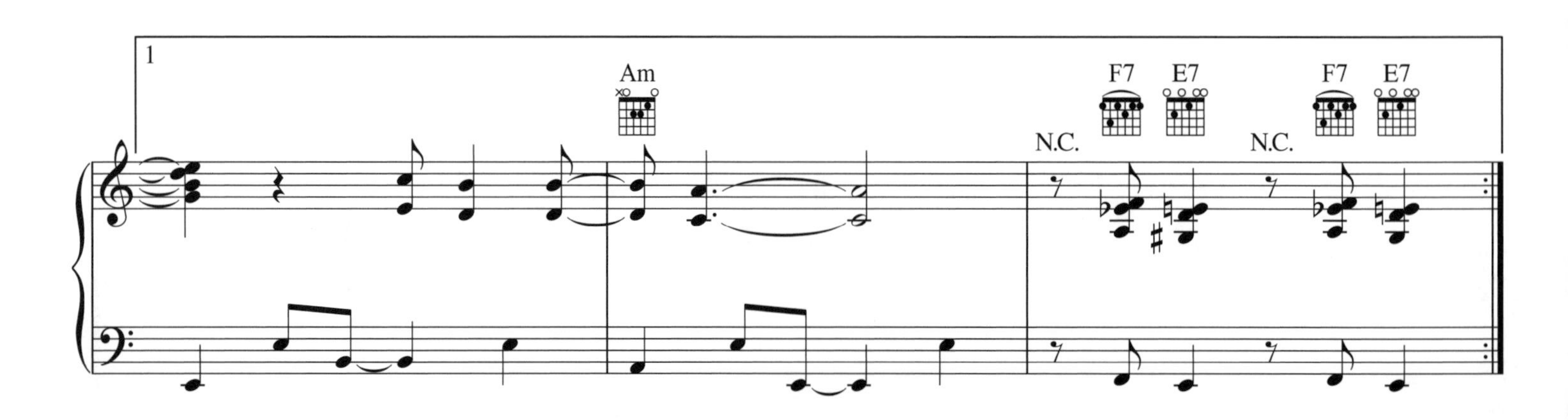

2
Am
N.C.
E7
No se que tie - ne tu voz que fa - ci -
Am
E7
Am
- na no se que tie - ne tu voz tan di - vi - na que
A7
ma - ji - co vue - lo de tra - je con - sue - lo a mi co - ra -
Dm
E7
Am
zón. No se que tie - ne tu voz que i - lu - mi - na co mo em -

B7
E7
A6
B9
E7
bru - jo de ma - jia a mi pa - sión.
Tu
A
E7
voz se a - den - tro en mi ser y la ten - go pre - sa
tu voz que es tan nier - te cam - pa - nas al mo - rir
A
A♭
G
F♯7
4fr
la tar - de.
Tu voz que es je - mir de vio -

Bm
li - nes en las en - ma - dru - ga - das
B7
que es el di - vi - no po - der que tie - nes mi bien
E7
pa ra en - ter - ne - cer.
A
Tu voz que su - su - ro de pal - mas ter - nu - ra de
E7
bri - sa tu voz que es tri - nar sin

A
A♭
G
son - tres en la en - ra - ma - da.
Tu
F♯7
Bm
voz que es je - mir de vio - li - nes en las en - ma - dru - ga - das.
3
D
D♯dim
Dios te ben - di - ga mi bi - en tu gra - cia y tu
To Coda
E7
F7
E7
A
ser que me ha - cen so - ñar.
4fr
6fr

F
A
B9
E7
A
F
E7
F7
E7
E7
N.C.
D.S. al Coda
Tu
N.C.
CODA
E7
A
que me ha - cen so - ñar.
F
E7
F7
E7
A

YERBERO MODERNO

Words and Music by
NESTOR MILI

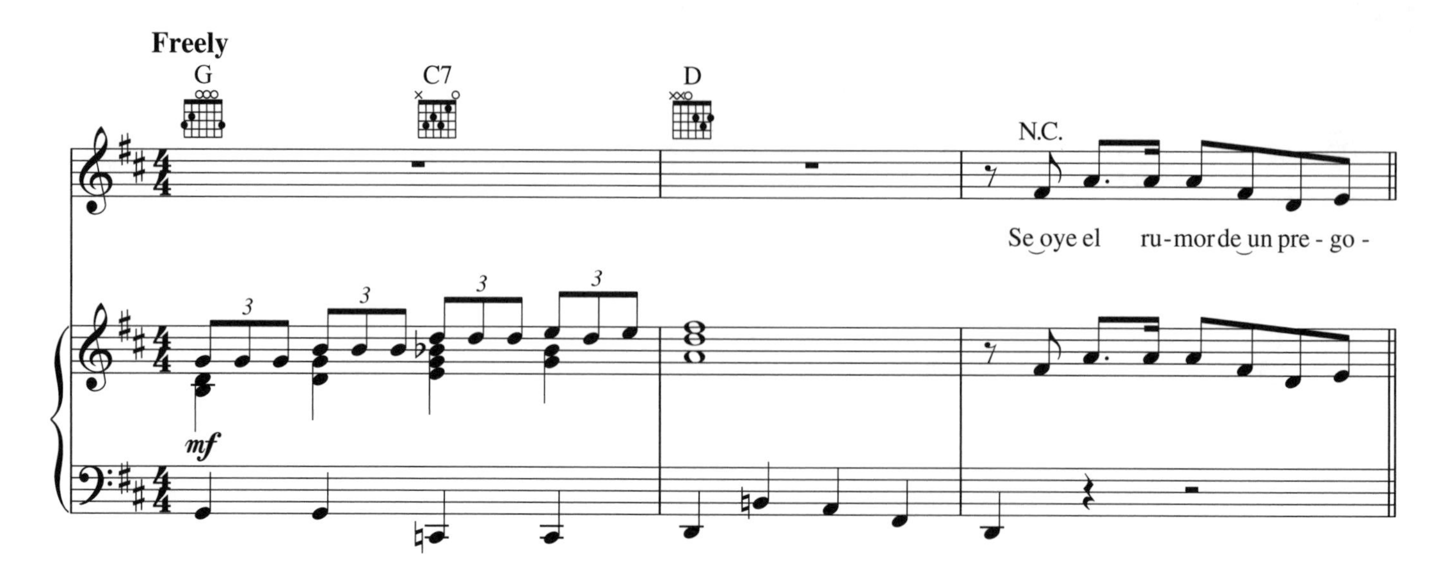

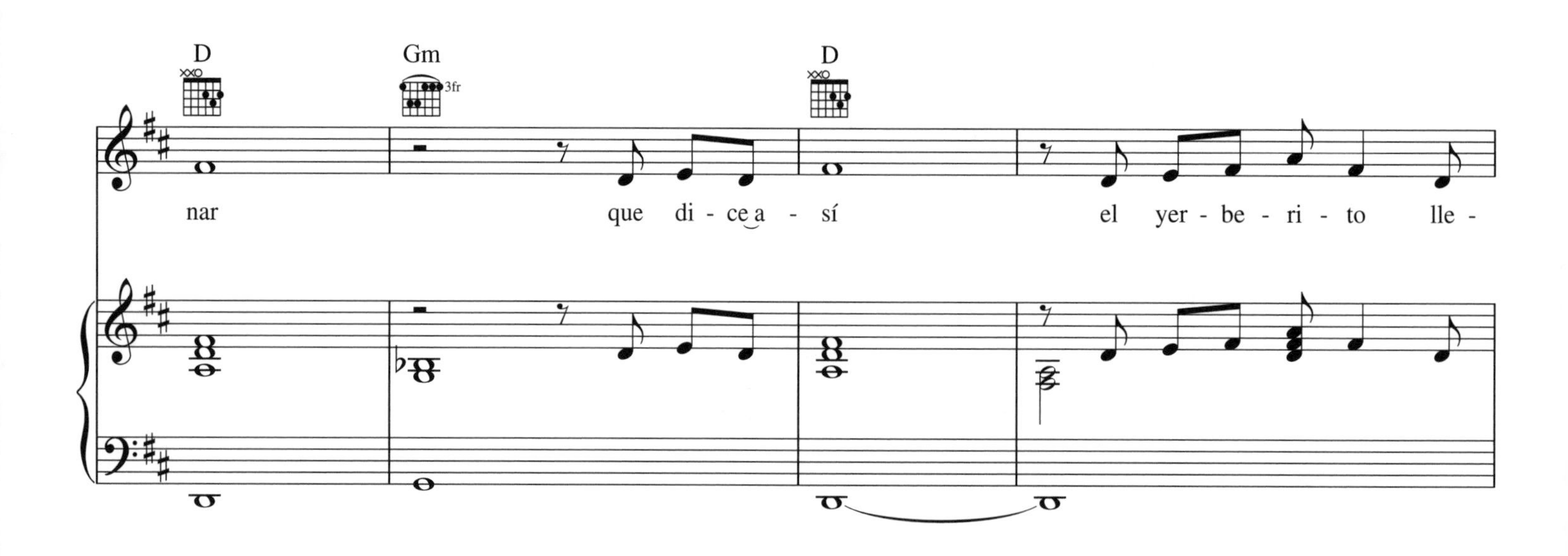

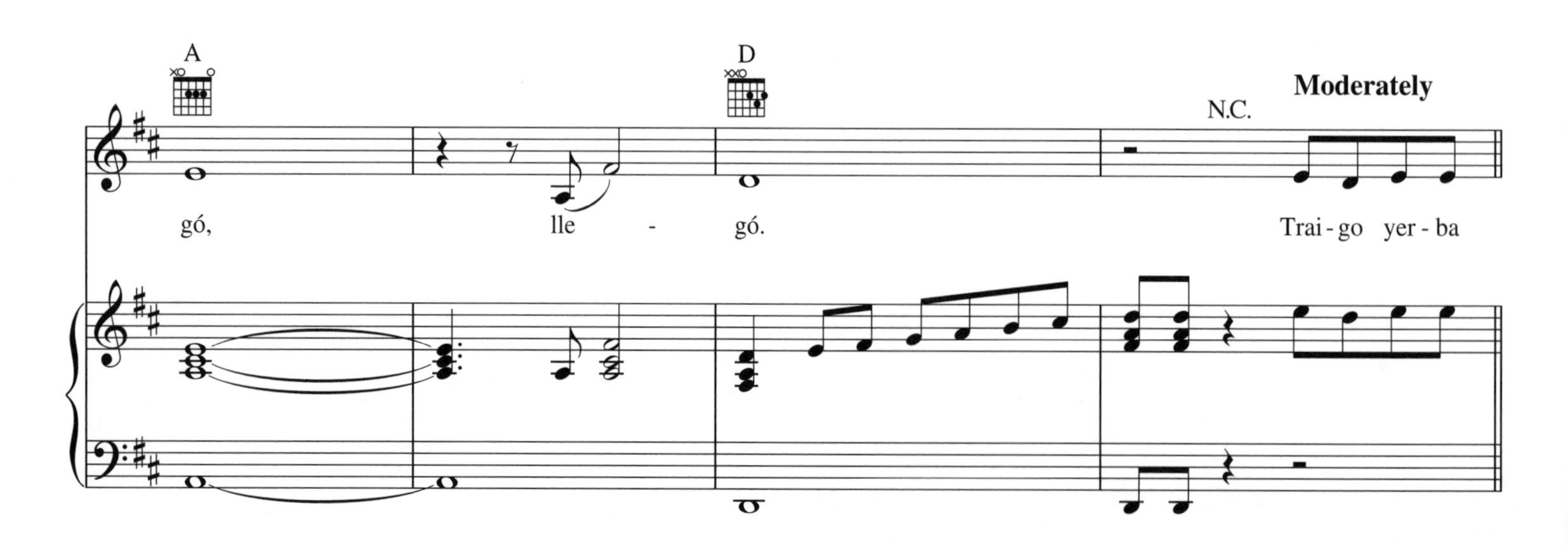

A7
D
A7
san - ta pa' la gar - gan - ta Trai - go Kei - si - mon pa' la Hin cha -
D
A7
D
zon Trai - go a Bre - ca - mi - nos pa' su des - ti - no trai - go la
A7
D
N.C.
F#7
ru - da pa' el que es tor - nu - da. Tam - bien trai - go al - baha - ca pa' la gen - te
Bm
F#7
Bm
fla - ca el a - pa - so - te pa - ra lost bro - tes. El ve - ti -

A7
D
A7
ver pa - ra el que no ve. Y con e - sta yer - ba se ca - sa u -
1
D
N.C.
A7
D
sted. Yer - be - ro!
A7
D
2
D
N.C.
Trai - go yer - ba sted.
A7
D
A7

D
A7
D
Ay que yo trai - go a - bre - ca -
A7
D
A7
mi - nos pa' su des - ti - no (y con e - sa yer - ba se ca - sa u -
mon pa' la hin cha - zón (y con e - sa yer - ba se ca - sa u -
san - ta pa' la gar - gan - ta (y con e - sa yer - ba se ca - sa u -
1, 2
D
3
D
A7
sted) O - ye yo trai - go Kei - si - sted.
sted) Ay que yo trai - go yer - ba
D
A7
1
D

2
D
A7
D
(Y con e - sa yer - ba se ca - sa u - sted.) Ay que yo trai - go a - bre - ca -
A7
D
A7
mi - nos pa' su des - ti - no (y con e - sa yer - ba se ca - sa u -
D
A7
sted) O - ye yo trai - go Kei - si - mon pa' la Hin - cha -
D
A7
D
N.C.
zón y con e - sa yer - ba se ca - sa u - sted.